ALLOCUTION

PRONONCÉE PAR

M. L'ABBÉ PAPLORÉ

CHANOINE HONORAIRE

Professeur à la Faculté de théologie de Rouen

LE 30 OCTOBRE 1877

Dans l'Église de Saint-Godard

A LA BÉNÉDICTION DU MARIAGE

DE

M. GUSTAVE-AMABLE PREVOST

AVEC

Mlle MARTHE ALLARD

Rouen. — Imp. E. Cagniard, rues Jeanne-d'Arc, 88, et des Basnage, 5.

Epoux Chrétiens,

Un mot de l'apôtre saint Paul vous révèle toute la grandeur et toute l'excellence de l'union que vous venez contracter au pied de cet autel : « Le mariage est un grand sacrement dans le Christ et dans son Eglise, » c'est-à-dire l'union de Jésus-Christ et de l'Eglise est le type, l'exemplaire de l'union de l'homme et de la femme dans le sacrement de mariage.

Or, l'union de Jésus-Christ et de l'Eglise a été l'union la plus intime. Jésus-Christ s'est identifié avec l'Eglise au point de lui transmettre ses pensées et ses paroles, de sorte que les pensées et les paroles de l'Eglise sont toujours les pensées et les paroles de Jésus-Christ.

L'union de Notre-Seigneur et de l'Eglise a été l'union la plus généreuse. Jésus-Christ a donné son sang et sa vie pour l'Eglise, et l'Eglise dans la personne des martyrs ses enfants, a également donné son sang et sa vie pour Jésus-Christ.

L'union de Notre-Seigneur et de l'Eglise a été l'union la plus sainte ; cette union a été la source de toutes les grâces qui ont été répandues dans l'humanité et du bonheur de tous les élus.

Il en est de même du mariage chrétien. C'est l'union la plus intime, la plus généreuse et la plus sainte.

Le mariage chrétien est l'union la plus intime. Dieu a tiré la femme de l'homme afin de nous faire comprendre que les deux époux ne doivent pas être deux mais un seul. Le mariage n'est pas seulement une union quelconque de l'homme et de la femme, c'est le partage de la vie tout entière, une communauté des choses humaines et des choses divines. Dans le mariage, l'homme et la femme, ce sont les deux moitiés d'une même âme qui viennent se compléter l'une par l'autre. L'homme, c'est la raison, c'est l'énergie des pensées et des volontés. La femme, c'est le cœur de l'homme. De cette fusion de deux êtres en un seul, naît une affection à nulle autre pareille. A partir de la simple bienveillance que le regard de l'homme allume dans le cœur de son semblable, remontez la longue chaîne des affections du cœur jusqu'à la plus étroite amitié, vous y trouverez tous les degrés de l'amour des époux. Cet amour, tel que Dieu l'a voulu, est la grande et parfaite amitié ; c'est la dernière fleur, la fleur la plus exquise, la plus brillante et la plus embaumée du paradis du cœur; c'est le dernier fruit, le plus riche et le plus savoureux de cette grande faculté d'aimer que nous portons en nous. Dire à quelqu'un : « Vous seul « et pour jamais, » c'est l'acte des époux, et c'est certainement l'acte suprême du cœur.

Le mariage est l'union la plus généreuse. « Dans le « mariage, a dit un illustre écrivain, il y a autre chose « qu'un contrat ; par-dessus tout, il y a un sacrifice, « ou plutôt, il y en a deux. La femme sacrifie ce que « Dieu lui a donné d'irréparable, ce qui fait la solli« tude de sa mère, sa première beauté, souvent sa « santé, et enfin ce pouvoir d'aimer que les femmes « n'ont qu'une fois. L'homme à son tour sacrifie la « liberté de sa jeunesse, ces années incomparables qui « ne reviendront plus, ce pouvoir de se dévouer pour « celle qu'il aime qu'on ne trouve qu'au commence« ment de sa vie, et cet effort d'un premier amour « pour lui faire un sort glorieux et doux. Ce sont deux « coupes : dans l'une se trouvent la beauté, la pudeur, « l'innocence ; dans l'autre, un amour intact, le « dévouement, la consécration immortelle de l'homme « à celle qui est plus faible que lui. » Après l'heure où deux chrétiens se sont ainsi présentés à l'autel comme deux victimes, que de nouveaux sacrifices ne leur demandent pas le support mutuel, l'éducation des enfants, les croix de chaque jour ! Bénissez Dieu, époux chrétiens, d'avoir mis dans le mariage l'arôme sacré du sacrifice. Si l'union conjugale ne renfermait que des joies, ce ne serait qu'une union égoïste et vulgaire. C'est le sacrifice qui la transforme, l'ennoblit, et en fait, pour la gloire et le mérite des époux, une union généreuse.

Le mariage est l'union la plus sainte. Comme sacrement, il est le canal de la grâce dans l'âme des époux, la source vive des forces qui leur sont nécessaires pour l'accomplissement de tous leurs devoirs. C'est la grâce donnée aux époux par le sacrement de mariage qui contient leur amour dans les justes limites où le veulent Dieu et la vertu, lui fixe d'infranchissables barrières, le rend chaque jour plus pur et par là plus durable, plus profond et plus délicieux. C'est la grâce du sacrement qui met dans le cœur des époux cet amour persévérant qui n'est point cette effervescence passagère produite par les charmes d'une beauté fugitive, mais cette flamme toujours égale qui a pour aliment les prescriptions du devoir et de l'amour de Dieu ; cet amour profond et généreux qui n'est point, comme l'amour purement humain, l'égoïsme et la sensualité, c'est-à-dire de la boue et du sang cachés sous un beau nom, mais l'abnégation, l'immolation de soi-même à la personne aimée. C'est la grâce du sacrement qui aide les époux non-seulement à se supporter, mais à s'aimer encore comme aux premiers jours lorsque l'âge est venu et que le visage a perdu son éclat, quand une étude continuelle a fait tomber les illusions et révélé les défauts. C'est la grâce du sacrement qui guérit les époux de l'impuissance où ils sont naturellement de s'immoler longtemps l'un pour l'autre, leur fait réclamer généreusement, chacun pour soi, la charge et la peine pour ne laisser à l'autre que la joie et le contentement. Enfin, c'est la grâce du sacrement qui rend les époux fidèles aux graves obligations dont la faiblesse et l'inconstance humaine se lasseraient inévitablement; c'est elle qui les soutient dans les situations délicates où la droite nature est souvent insuffisante. Le mariage est encore une union sainte, parce qu'elle a pour but de donner un aide aux époux non-seulement dans leurs besoins matériels mais encore dans leurs besoins spirituels, de leur faciliter l'accomplissement des devoirs de la religion et des pratiques de la piété. Enfin, le mariage est une union sainte, parce qu'elle conduit les époux chrétiens à l'union éternelle avec Dieu dont elle est le symbole terrestre. Les époux ont beau s'aimer, ils ne trouvent pas, ils ne peuvent pas trouver la plénitude dans un cœur borné, dans un amour qui finit. Deux jeunes époux remplis de piété l'exprimaient un jour en errant sur les ondes de l'Adriatique ; l'un disait à l'autre: « N'est-ce pas une souffrance d'aimer « pour cette vie seulement ? N'avez-vous pas le goût « des amours éternels ? » Ah ! voilà la grande souffrance du cœur, la souffrance des amours qui finissent ! Or, l'espérance chrétienne qui s'appuie sur la grâce reçue dans le sacrement de mariage, resplendissante, en ce moment solennel, à l'autel nuptial, vous enlève cette souffrance des amours qui finissent, puisque votre amour enraciné en Dieu et dans sa grâce sera éternel comme Dieu et ne finira jamais. Elle satisfait même déjà, jusqu'à un certain point, votre goût des amours éternels puisque vous êtes destinés, en aimant Dieu éternellement, à vous aimer éternellement.

Voilà l'union que vous allez contracter, époux chrétiens, l'union la plus intime, la plus généreuse et la plus sainte, et, laissez-moi vous le dire, vous allez la contracter dans les meilleures conditions.

Vous, Monsieur, après avoir grandi sous la triple et heureuse influence d'une pieuse mère, d'un père exemplaire, de maîtres consacrés à Dieu, vous apportez, comme appoint dans cette grande union, un esprit élevé et cultivé, toujours à la recherche du beau dans le passé comme dans le présent ; des habitudes sérieuses, des principes solides de foi ; des mœurs pures ; la fidélité aux principes essentiels de la religion ; un caractère à la fois ferme et modéré, un cœur dont la dilatation sera proportionnée à la réserve que la vertu a imposée à vos sens et dont les flots affectueux, longtemps retenus par le devoir, vont déborder sur la compagne que vous donne la Providence, un cœur qui vous fera sortir de vous pour ne vivre qu'en elle, vous fera vous immoler en tout pour lui plaire.

La mort, en vous enlevant trop tôt un père connu de toute la cité, non-seulement par son amour de la science mais pour sa grande foi, sa haute vertu, sa religion fervente, avait laissé un vide profond dans votre cœur. Ce vide sera comblé, autant qu'il peut l'être, par votre nouvelle famille où vous trouverez, dans un autre père, la même foi, la même vertu, la même religion, en un mot, les mêmes exemples que dans celui qui a été ravi à votre affection filiale. Il vous aimera avec cette même affection ardente et dévouée qu'il porte à chacun de ses enfants et vous enveloppera avec eux dans la chaude atmosphère du foyer paternel.

Du reste, Monsieur, ce respectable père pourra d'autant mieux vous aimer comme un autre fils, que votre intelligence, vos études, votre goût pour les arts, votre honorable conduite ne lui montrant aucune dissemblance entre vous et ses fils, lui permettront de vous confondre avec les frères de votre jeune épouse, si remarqués dans notre ville par la distinction de leur talent et de leur vertu.

Il est vrai que vous allez paraître échapper à la pieuse et douce mère qui a veillé sur votre jeunesse comme sur la prunelle de l'œil. Mais vous avez trop d'affection filiale pour ne pas lui réserver dans votre cœur une bonne et digne place dont votre épouse, enfant aux idées larges et généreuses, ne sera pas jalouse. D'ailleurs, n'allez-vous pas conduire à cette mère une nouvelle fille qui, rivalisant avec votre sœur bien-aimée d'innocence, de piété, de dévouement, lui offrira les mêmes attraits et doublera les joies de son cœur maternel ?

Vous, Mademoiselle, ou plutôt mon enfant, si vous permettez à ma vieille affection pour vous et pour votre famille de vous donner encore une fois ce nom, vous apportez en dot à votre époux des dons non moins précieux. Vous devez à la tendresse d'une mère pieuse et prudente, qui n'a jamais détourné de sa fille un regard vigilant et vous a toujours gardée sous ses ailes, cette candeur naïve, cette innocence pleine de fraîcheur qui est le plus beau présent qu'une jeune fille puisse faire à son époux. Vous avez puisé près des saintes religieuses auxquelles la sollicitude de vos parents avait confié votre éducation, des principes de foi et de piété que votre correspondance à la grâce n'ont fait que développer. Vous donnerez chaque jour à votre heureux époux la jouissance non-seulement de vos pensées élevées comme votre intelligence, de vos sentiments chastes et purs comme votre cœur, de vos paroles aimables comme votre caractère, mais encore de tous les biens spirituels et divins que la grâce a accumulés en vous depuis votre plus tendre enfance. Vous ferez mieux que de le faire jouir, dans l'ordre intellectuel, d'une âme dans sa pensée immortelle et dans la parole qui l'exprime au dehors ; mieux que de le faire jouir, dans l'ordre moral, d'une âme dans les sacrifices et les actes généreux d'une volonté droite et sainte ; vous le ferez jouir, dans l'ordre divin, d'une âme dans la beauté et la fécondité de la grâce sanctifiante, dans les dons surnaturels dont il a plu à la bonté de Dieu de vous enrichir, et il n'y a rien sur la terre de comparable à cette jouissance.

Ces dons divins ne seront pas seulement un ornement en vous, mais le principe, l'aliment, le ressort de votre dévouement conjugal.

Suivant la belle et juste comparaison de saint Jean-Chrysostôme, après ces journées pénibles où l'homme est agité par les difficultés du travail, les contradictions et les déceptions de la vie, vous serez par votre douceur, par ces aimables prévenances dont les femmes seules ont le secret, par ces admirables ressources qu'elles ont en elles pour consoler, par votre patience à toute épreuve, le port tranquille où il viendra se mettre à l'abri et retrouver le calme et la paix. Vous lui aiderez à porter le fardeau de toutes ses peines et vous embellirez toutes ses joies ; en un mot, comme la femme forte dont parle l'Esprit-Saint, vous lui ferez du bien tous les jours de votre vie.

Aussi industrieuse qu'intelligente et ayant volontiers, dans votre vie de jeune fille, mêlé le travail manuel à l'étude, vous serez de ces femmes qui entrent dans la maison conjugale, non pour y trôner dans une molle oisiveté, mais pour mettre la main à l'œuvre et montrer leur action personnelle dans tous les détails du ménage et de la vie domestique.

Votre charitable mère vous a menée de bonne heure dans les réunions de charité, dans la maison de ceux qui souffrent ; elle vous a appris à les soulager par l'affection du cœur, la douceur des paroles, l'abondance des aumônes : vous vous ferez un point d'honneur et de religion de marcher sur ses nobles traces.

Malgré les motifs d'espérance et de confiance que vous nous présentez, jeunes époux, nous savons que rien ne s'accomplit sur la terre sans l'assistance divine, et c'est cette assistance divine que vont implorer pour vous des âmes dont la présence, invisible à nos regards, n'est pas moins réelle ici, les âmes des défunts qui vous ont tant aimés. C'est cette assistance divine que vont implorer ce père à vous, Monsieur, dont le crédit auprès de Dieu n'a point été étranger au bonheur de ce jour; vos bons aïeux, à vous, Mademoiselle, qui sont tous morts dans la grâce de Dieu, et surtout une pieuse et sainte enfant, cette sœur bien-aimée que vous avez assez connue pour respirer le parfum de ses douces vertus, et qui, au lieu de vous montrer le chemin de l'autel nuptial, sur une terre qui n'était pas digne de la retenir plus longtemps, vous a montré le chemin du ciel.

C'est cette assistance divine que vont implorer pour vous les vivants qui se pressent autour de vous, en cette heure solennelle. Ah ! si la foi, la vertu, la piété, l'innocence, l'esprit de famille, l'émotion du sang, la chaleur de l'amitié, l'honneur d'une vie consacrée aux services publics, sont des titres devant Dieu pour qu'une prière soit exaucée, quel fonds ne pouvez-vous pas faire sur la prière de deux familles qui ont conservé dans toute leur intégrité les croyances et les mœurs de l'Evangile ? sur une prière qui réunit, pour toucher le cœur de Dieu, les accents mêlés du cœur de parents chrétiens, de vertueux frères qui ne savent pas courber le genou devant Baal, de sœurs pieuses et ferventes, de candides enfants, d'honorables magistrats, d'amis aussi religieux que dévoués ?

Vos maîtres et vos maîtresses qui ont si bien mérité votre reconnaissance et votre affection, absents ou présents, ne vous oublieront pas non plus. J'en sais un, Monsieur, qui a particulièrement conservé votre confiance et à juste titre, qui vous a d'ailleurs donné récemment encore des preuves de son dévouement, et, comme je connais la chaleur de son cœur, je suis sûr qu'il s'en élèvera pour vous une de ces prières auxquelles Dieu ne résiste jamais.

Il y a ici, époux chrétiens, une voix qui a une plus grande autorité que les autres, c'est la voix du Pasteur de la paroisse. Vous savez avec quel empressement et quelle rare bienveillance, dont je tiens pour ma part à lui témoigner ici hautement ma reconnaissance, il a renoncé aux droits qu'il avait de bénir une brebis privilégiée de son troupeau pour les céder à l'amitié. C'est vous dire la place que vos familles et vous ont dans son cœur, et vous pouvez compter sur ses meilleures prières.

Et moi, croyez-vous que je serai froid lorsque tout à l'heure je serai à l'autel tenant dans mes mains le Dieu fait homme, qui est la source de toutes les bénédictions ? Assurément, au souvenir de la grande et belle part qui m'a été faite dans cette fête de la religion et de la famille, je trouverai dans mon cœur quelques élans qui toucheront le cœur de Dieu et vous obtiendront toutes sortes de grâces pour le temps et pour l'éternité.

Ainsi soit-il.

Rouen. — Imp. E. Cagniard, rue Jeanne-d'Arc, 88.

www.ingramcontent.com/pod-product-compliance
Lightning Source LLC
Chambersburg PA
CBHW060456050426
42451CB00014B/3354